WISSEN Schritt für Schritt

Wurzeln, Blätter & Co.

Alles über Pflanzenteile

Ruth Owen

corona

Ars Scribendi Verlag

Übersetzung: Simone Mann, BVK Buch Verlag Kempen GmbH
Redaktion: Christina Klüyken / Sandy Willems-van der Gieth, BVK Buch Verlag Kempen GmbH
DTP deutsche Ausgabe: Freek Kuijstermans
Produktion Ruby Tuesday Books: Mark J. Sachner, Emma Randall, Judy Wearing und John Lingham
Gedruckt in China

ISBN 978-94-6341-416-6

Kontaktieren Sie lektorat@coronalesen.de oder besuchen Sie: **www.coronalesen.de**.
Fragen zu den Veröffentlichungen von Ars Scribendi richten Sie bitte an den Herausgeber.
Der Herausgeber übernimmt keine Verantwortung für Fehler oder Missverständnisse.

Rechenschaftspflicht
Der Herausgeber dankt den folgenden Personen und Organisationen für die Erlaubnis, ihr Material in dieser Publikation zu verwenden und zu reproduzieren: © Alamy: 23; © Getty Images: 17 (oben rechts); © Ruth Owen: 10, 17 (unten rechts); © Science Photo Library: 22 (rechts); © Shutterstock: Cover, 1, 2–3, 4–5, 6–7, 8–9, 11, 12–13, 14–15, 16, 17 (oben links) aniana, 18 (Mitte) Evannovostro, 18–19, 20–21, 22 (links), 24–25, 26–27, 28–29, 30–31.

Mehr Informationen über unser Programm finden Sie auf **www.coronalesen.de**.
Bestellen können Sie über unsere Webseite oder über den (Online-)Buchhandel.

Dieses Logo bietet Erstlesern, leseschwachen Kindern, Lehrern und Lehrerinnen online eine zusätzliche Hilfe zu diesem Buch.

Verwenden Sie dafür den Code auf **www.coronalesen.de**

14166

Inhaltsverzeichnis

Einige Wörter sind **fett** gedruckt.
Erklärungen findest du auf
Seite 32 im Glossar.

Unter dem Namen
corona
erscheinen Sachbücher für Kinder
von 4 bis 14 Jahren.

Was ist eine Pflanze?

Eine Pflanze ist ein Lebewesen. Es gibt sie in vielen verschiedenen Formen und Größen.

großer Baum

Sonnenblumen

Gras

winziges Gänseblümchen

Obwohl Pflanzen unterschiedlich aussehen, bestehen die meisten aus den gleichen Teilen.

Was braucht eine Pflanze?

Eine Pflanze braucht einen Ort zum Wachsen. Die meisten Pflanzen wachsen in der Erde.

Fast alle Pflanzen brauchen **Nährstoffe**. Diese helfen ihnen, zu wachsen und gesund zu bleiben. Die Pflanzen erhalten die Nährstoffe aus der Erde.

Eine Pflanze braucht Wasser, Sonnenlicht und Luft.

Sehr viele Pflanzen entwickeln Samen, aus denen neue Pflanzen wachsen.

Die Teile einer Pflanze haben alle eine Aufgabe. Sie helfen beim Wachstum und dabei, die Pflanze am Leben zu erhalten. Sie sorgen auch dafür, dass neue Pflanzen wachsen.

Was glaubst du?
Wie nehmen Pflanzen das Wasser auf, das sie brauchen?

Wofür sind Wurzeln gut?

Die Wurzeln einer Pflanzen wachsen in die Erde hinein. Sie sind eine Art Strohhalm, mit dem die Pflanze Wasser und Nährstoffe aus der Erde aufnimmt.

Manche Pflanzen haben viele Wurzeln, die sich in der Erde ausbreiten.

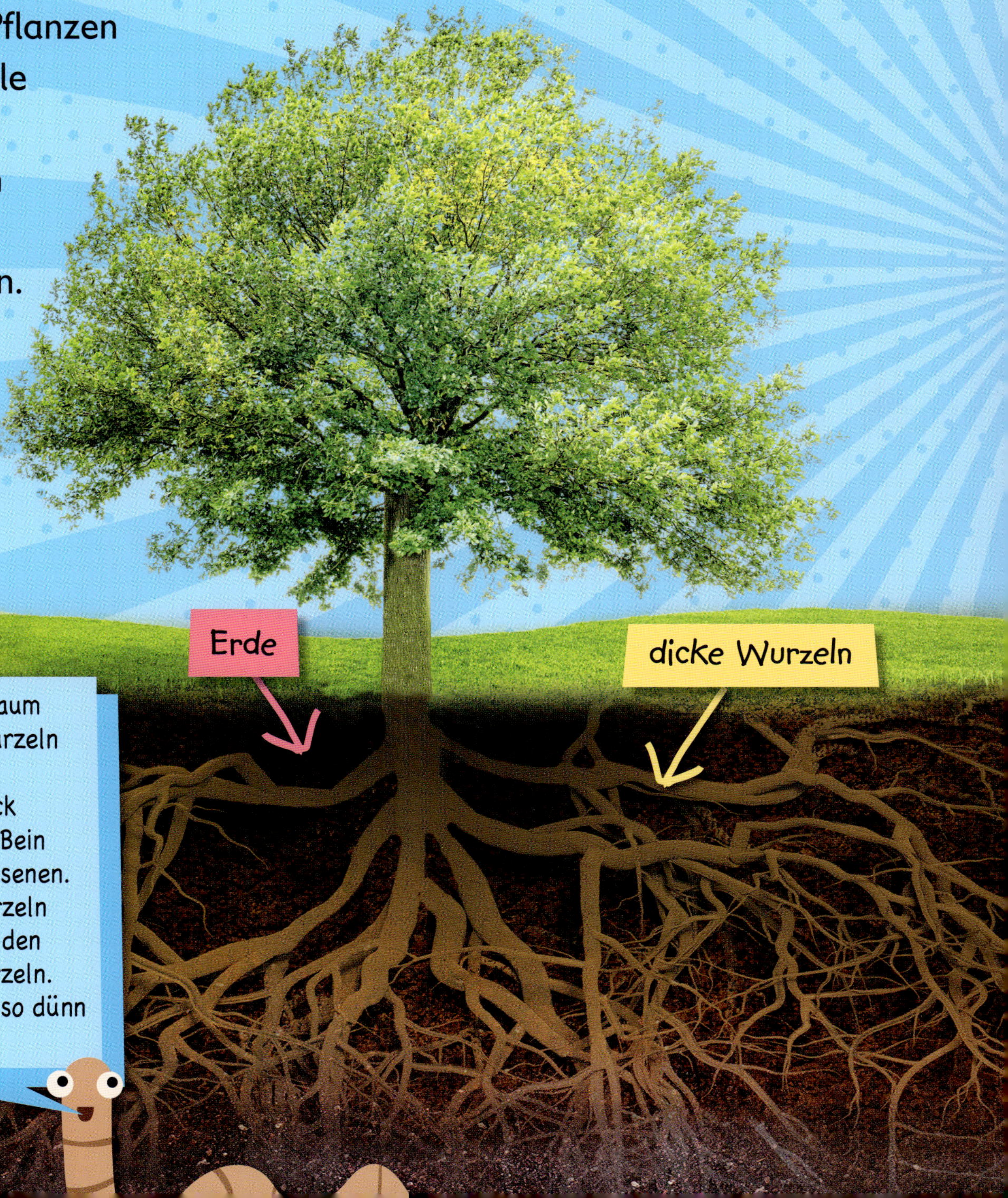

Ein großer Baum hat lange Wurzeln aus Holz. Sie können so dick sein wie das Bein eines Erwachsenen. Dünnere Wurzeln wachsen aus den dickeren Wurzeln. Manche sind so dünn wie Haare.

Einige Pflanzen haben eine lange Hauptwurzel. Man nennt sie Pfahlwurzel. Zu diesen Pflanzen gehören Karotten und Löwenzahn.

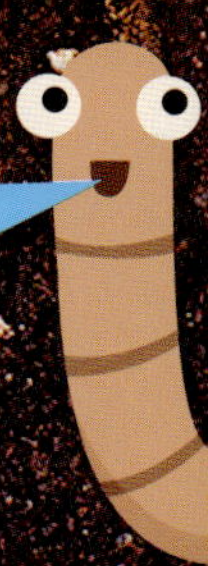

Die Wurzeln einer Pflanze haben eine weitere wichtige Aufgabe. Welche?

Alles unter Kontrolle

Die Wurzeln halten die Pflanze fest in der Erde verankert. Sie sorgen dafür, dass die Pflanze bei Wind nicht umfällt.

Die Äste eines Baumes können sehr schwer sein. Durch die starken Wurzeln fällt er aber nicht um.

Die lange Pfahlwurzel des Löwenzahns hält die kleine Pflanze fest im Boden verankert.

Teste es!

Bist du stärker als die Wurzel eines Löwenzahns?

1. Finde eine große Löwenzahnpflanze in eurem Garten oder auf dem Schulhof. Frage einen Erwachsenen, ob du die Pflanze ausreißen darfst.
2. Umfasse die Blätter, Stiele und Blüten der Pflanze und zieh, so stark du kannst!

Kannst du den Löwenzahn vollständig herausziehen?

3. Versuche als Nächstes, die Wurzel mit einer kleinen Schaufel auszugraben.

Kannst du die Wurzel des Löwenzahns ausgraben?

Warum braucht der Löwenzahn wohl so eine lange Wurzel?

(Die Antwort findest du unten auf dieser Seite.)

Antwort: Löwenzahn wächst häufig an Orten mit wenig Erde. Die lange Wurzel der Pflanze wächst deshalb tief in den Boden hinein, um Wasser und Nährstoffe aufzunehmen.

Aus Zwiebeln wachsen

Einige Pflanzen sprießen aus einer Zwiebel. Die Blätter und Blüten wachsen aus ihr heraus.

Die Zwiebel enthält Nährstoffe, die die Pflanze mit **Energie** versorgt.

Alle Pflanzen auf dieser Seite wachsen aus Zwiebeln, die das ganze Jahr über unter der Erde sind. Im Frühling wachsen dann Wurzeln, Blätter und Blüten aus den Zwiebeln.

Alles über Stängel und Baumstämme

Der Stängel oder Stamm einer Pflanze ist wie ein Skelett oder Rahmen.

Ein Baum hat einen Stamm. Aus diesem wachsen die Äste.

Der Stamm und die Äste eines Baumes haben eine Rinde. Das ist die äußere, starke Holzschicht.

Die Rinde eines Baumes schützt ihn vor Regen, Schnee und heißer Sonne. Auch Tiere können ihn so nicht auffressen.

Erforsche es!

Die Rinde eines Baumes kann ganz verschieden aussehen. Versuche, im Garten, in einem Park oder Wald vier unterschiedliche Arten von Rinde zu finden. Bestimme sie und schreibe deine Beobachtungen auf.

Welche Farbe hat die Rinde?

Wie würdest du ihr Muster beschreiben?

Wie fühlt sich die Rinde an?

Wie riecht die Rinde?

Male ein Bild der Rinde, die dir am besten gefällt.

Platane

Eiche

Buche

Apfelbaum

Kleiner Stängel, super Baumstamm

Der Stängel oder Stamm einer Pflanze leitet das Wasser von den Wurzeln zu den Blättern.

Das Wasser wird durch Röhren im Stängel oder Stamm transportiert.

Die Röhren sind zu klein, um sie mit bloßem Auge sehen zu können.

Dieses Bild wurde mit einem **Mikroskop** aufgenommen. Es zeigt die kleinen Röhren im Inneren eines Blumenstängels.

Untersuche es!

Finde mit diesem Versuch heraus, wie Stängel arbeiten.

Du brauchst:

- ein Glas
- Wasser
- eine Stange Sellerie mit Blättern
- rote Lebensmittelfarbe
- einen Teelöffel
- ein Notizbuch und einen Stift
- einen Erwachsenen, der hilft

1. Fülle etwa 3 cm Wasser in das Glas. Gib zwei Teelöffel der roten Lebensmittelfarbe hinein.
2. Bitte einen Erwachsenen, 1 cm am blattlosen Ende des Selleries abzuschneiden.
3. Stecke das Ende in das rote Wasser.

Was wird passieren? Schreibe deine Vermutungen auf.

4. Lasse den Sellerie über Nacht stehen und überprüfe ihn am nächsten Tag.

Was ist passiert? Notiere die Ergebnisse. Inwiefern ist der Selleriestängel vergleichbar mit einem Strohhalm?

So viele Blätter

Es gibt Pflanzen in vielen verschiedenen Formen und Größen. Auch ihre Blätter sind ganz unterschiedlich.

Esche

Einige Blätter bestehen aus mehreren kleinen Blättchen an einem einzigen Zweig.

Rose

Rosskastanie

Erforsche es!

Gehe auf Blätterjagd im Garten, in einem Park oder im Wald. Sammle so viele verschiedene Blätter vom Boden, wie du kannst.

Passt eines der Blätter zu denen im Buch?

Wie würdest du die Formen der Blätter beschreiben?

Sind einige von ihnen symmetrisch, also links und rechts gleich, wenn du sie in der Mitte knicken würdest?

Sortiere deine Blätter der Größe nach in Gruppen. Wie könntest du deine Blätter noch sortieren?

Blättriger Nahrungslieferant

Wie Menschen und Tiere brauchen auch Pflanzen Nahrung, um zu wachsen.

Wie bekommen Pflanzen die Nahrung, die sie brauchen?

Sie stellen sie in ihren Blättern her!

Alle Blätter stellen Nahrung mit Hilfe eines grünen Stoffes her. Man nennt ihn **Chlorophyll**. Durch dieses Chlorophyll sind Blätter grün.

Wie stellen die Blätter Nahrung her?

Im Inneren der Blätter wandelt die Pflanze mit Hilfe von Sonnenlicht Wasser und **Kohlenstoffdioxid** in Energie um. Das nennt man **Fotosynthese.**

Wir alle brauchen Blätter

Um Nahrung herzustellen, nimmt das Blatt Kohlenstoffdioxid über kleine Löcher auf. Diese nennt man Stomata.

Bei der Nahrungsherstellung in den Blättern entsteht auch **Sauerstoff.** Dieser wird über die Stomata in die Luft abgegeben.

Menschen und Tiere brauchen Sauerstoff, um zu atmen.

Überall um uns herum stellen winzige bis riesige Blätter den Sauerstoff her, den wir brauchen.

Herbstlaub

Im Herbst verändern die Blätter einiger Bäume ihre Farbe und fallen ab. Warum?

Im Winter bekommen die Blätter von Bäumen nicht genug Sonnenlicht und Wasser, um Nahrung herzustellen.

Um Energie zu speichern, wirft der Baum seine Blätter ab und ruht.

Im Frühling wachsen dem Baum neue Blätter.

Warum ändern die Blätter ihre Farbe, bevor sie abfallen?

(Die Antwort findest du unten auf dieser Seite.)

Die Bäume, die ihre Blätter abwerfen, nennt man Laubbäume.

Antwort: *Die Blätter sind grün, weil sie grünes Chlorophyll enthalten. Sie stellen diesen Stoff in sich selbst her. Wenn sie die Nahrungsherstellung stoppen, entsteht auch kein Chlorophyll mehr. Die grüne Farbe der Blätter beginnt zu verblassen. Dann kommen andere Farben zum Vorschein, die normalerweise von der grünen Farbe überdeckt sind.*

Nadelbäume

Einige Bäume werfen ihre Blätter im Herbst nicht ab. Man nennt sie Nadelbäume oder immergrüne Bäume. Eine Ausnahme unter ihnen ist die Lärche, die wie Laubbäume im Herbst alle Nadeln verliert.

Nadelbäume werfen das ganze Jahr über geringe Mengen an Nadeln ab und lassen ständig neue nachwachsen.

Deshalb sind sie immer grün.

Wacholdernadeln

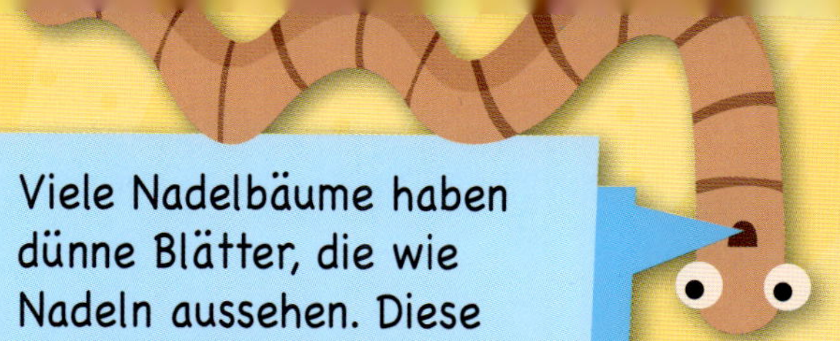

Viele Nadelbäume haben dünne Blätter, die wie Nadeln aussehen. Diese Blätter stellen das ganze Jahr über Nahrung her.

Kiefernnadeln

Jede Nadel ist ein Blatt!

Eibennadeln und Beeren

eine immergrüne Kiefer

eine blätterabwerfende Eiche

Finde es heraus!

Vergleiche die beiden Bäume in diesen Winterbildern.

Worin ähneln sich die Bäume?

Worin unterscheiden sie sich?

Alles über Blüten

Vielen Pflanzen wachsen Blüten.

Eine Knospe wächst aus dem Stängel oder einem Zweig.

Die Knospe öffnet sich und entfaltet die Blütenblätter.

Kirschblüte

Primeln

Stiefmütterchen

Es gibt Blumen und ihre Blütenblätter in ganz unterschiedlichen Größen, Formen und Farben. Die Blüten von Bäumen nennt man Baumblüten.

Butterblume

Klatschmohn

Rosskastanienblüte

Blüten erzeugen Samen

Die Samen einer Pflanze entstehen in ihren Blüten. Wenn die Blüte verwelkt, fallen die Samen heraus.

Die Samen einer Sonnenblume wachsen in der Mitte der Blüte.

Male es!

Male eine Sonnenblume und beschrifte sie.

Ein Samen enthält alles, was für das Wachsen einer neuen Pflanze gebraucht wird.

Mohnsamen entstehen in einer Kapsel.

Die Samenkapsel trocknet und öffnet sich. Dann werden die kleinen, schwarzen Samen überall verstreut.

Glossar

Chlorophyll
Ein grüner Stoff, durch den Blätter grün aussehen.

Energie
Die Kraft, die Lebewesen zum Wachsen und Leben brauchen.

Fotosynthese
Die Herstellung von Nahrung mit Hilfe von Wasser, Kohlenstoffdioxid und Sonnenlicht.

Kohlenstoffdioxid
Ein Gas in der Luft, das Pflanzen zur Nahrungsherstellung nutzen. Wenn Menschen und Tiere atmen, geben sie dieses Gas in die Luft ab.

Mikroskop
Ein Gerät, mit dem man Dinge sehen kann, die man mit bloßem Auge nicht erkennt.

Nährstoffe
Ein Lebewesen braucht Nährstoffe, um zu wachsen und gesund zu bleiben.

Sauerstoff
Ein unsichtbares Gas in der Luft, das Lebewesen zum Atmen brauchen.

Venen
Dünne Röhren, die Wasser durch die Blätter transportieren. Auch Menschen haben Venen. Darin wird das Blut durch unseren Körper transportiert.

Index